백세꽃

백세꽃
강종림 시집

도서출판 **샤인텔**

| 머리말 |

시집 "저 살았어요"를 내고
딱 10년 만에 두번째 시집으로
백세꽃을 발간하게 되어
우리 주님께 감사를 드립니다.

사십육년의 시집살이는
아직도 진행 중이지만
사랑의 결실인 남매는
님 찾아가 보금자리를 틀었으니
이젠 오직 내 삶을 아름답게
꾸며 나갈 일만 남았습니다.

참 많은 사람도 만났습니다.
노약자 봉사로 섬기면서
내 삶에 정체성이 정립되고
내 삶에 큰 울림으로 시부모님과

행복하게 동행할 수 있었던 것 같습니다.

시아버님 99세에 천상여행 가시고
시어머님 104세로
아직도 이 며느리를 찾으며
어린아이가 되셨는데 노인정에도
교회에도 못 나가시고 집에만 계시지만
그래도 며느리 사랑이 가득하시니
살맛이 나는데, 요양원에 가시지 않으심도
크게 감사합니다.

그렇지만 일곱 남매의 둘째 딸이 되어
낳아주시고 길러주셨고
아름다운 추억으로 뇌리를 가득 채워주신
친정 부모님에게는 자주 뵙지 못한
불효녀가 되어 가슴이 아프지만

사위의 처가살이 열흘이 방송을 탔으니,
그것으로 위안을 받으며
자료를 꺼내 보면서 추억에 잠깁니다.

인생은 육십부터라 했던가요.
아름다운 이야기 할머니 모집 공고를 보고
또 다른 봉사가 가슴을 뛰게 했기에
아이들과의 십년 동안 행복한 최고의 삶을
노래하며 주위에 모든 유아기관을 해마다
세 곳씩 나갔으니, 거기만 해도 30기관.
와, 대단합니다.

많은 아이와 눈 맞추며
충·효·예를 심어주고 사랑을 배웠는데
이젠 아이들과도 작별하고
문체부 장관의 감사패를 가슴에 안고

또 다른 길을 뚜벅뚜벅 걸어갑니다.

시니어 모델이 되어 여기 저기의 손짓으로
KBS 방송 아침마당에서 소문난 며느리가 되고
황금연못에 퐁당 빠져 지느러미 흔들면서
건강한 삶에 노래를 부르고 있지요.

흰 머리를 휘날리며 기타를 메고 나가는 남편.
그 옆에서 펜 소묘로 그림을 그리고
채색하는 여인이 되어 감사하고
틈나는 대로 안부 전하며
고운 소식을 들려주는 우리 아이들 틈에
검버섯 뜯어가며 더 예쁜 삶으로
출발하려는 칠순의 여인.

꿈에 극단에 들어가 부부가 나란히 연극으로
또 다른 삶을 표현하려고 매주 전철을 타고
멀리 달려가고 있습니다.

이젠 어른을 모시는 또 다른 작은 어른이
되었으니 이웃에게 행복을 나누는 전도사가
되어 그간에 일기로 적어놨던 모든 걸
부끄럽지만 슬그머니 내 놓습니다.

2025년 새해에
강 종 림

| 차 례 |

머리말 · 4

1부 · 순백의 사랑
백세꽃 · 16
유치원에 가는 할머니 · 18
삼각산 날 망에 · 20
잘 살아왔다 · 22
상견례 · 24
좋겠다 · 26
범인은 나 · 27
소중한 안식처 · 29
여름날의 향기 · 31
올 여름의 선물 · 33
봉숭아 물 · 35
우리 엄마 · 36
정릉천의 가을 · 37
코로나 꽃 · 38
시작 · 40
출근길 · 42
순백의 사랑 · 43
틈새의 순결 · 45
참새 방앗간 · 47

2부 · 황금연못

바람 불어 좋은 날 · 50
여인의 넋 (능소화) · 51
계절의 포옹 · 53
바람 따라 나가요 · 55
각자도생 · 57
어머님 · 58
그대 덕 · 59
함께 손 잡았기에 · 61
광고 · 62
연말 정산 · 64
내 얼굴 · 65
고향 · 66
산수유 · 68
입양 · 70
고추꽃 · 71
하늘 우물 · 72
처가살이 · 74
황금연못 · 76
사진 속에서 · 77

3부 · 인생열차

여인의 마음 · 80
보름 날 · 81
옹색한 가을 · 82
그리움 · 84
인생열차 · 86
여행준비 · 87
포인세티아 · 88
새벽 · 90
사랑 · 92
말려보자 · 93
나눔 · 95
눈 내리는 날 · 97
보고 싶어요 · 98
황금 꽃 · 99
감사패 · 100
변신 · 101
굴뚝집 · 102
감 · 104
결과 · 105

4부 · 봄이 왔어요

나 · 108
복수초 · 109
소문난 며느리 · 110
원장님 받으세요 · 112
배려 · 114
등불이 되어 · 115
원생님 왜 그러세요? · 116
추석날 온 손님 · 118
당신이 양로원 원장이요 · 120
대통령 선물 · 123
꽃 시중 · 125
아프다 · 126
목련꽃 · 128
동그라미 두개 · 129
세탁 · 131
꽃 이불 · 133
봄이 왔어요 · 135
고향 · 137
속았다 · 138

5부 · 가을의 길목에서

사진 · 140
아침 마당 · 142
냉이 꽃 · 143
목걸이 · 144
상처 · 146
닮았다 · 148
가을의 길목에서 · 150
개나리 · 152
만남 · 154
감나무 · 155
걱정 · 156
여름 · 157
가을이야 · 158
외로운 추석 · 159
경비 아저씨 · 160
시어머님 선물 · 162
아버지와 국화꽃 · 165
빵이라 부르는 여인 · 167
슬프고도 웃기는 이야기 · 170

축하의 글 (성천교회 원로목사 김정옥) · **172**

1부
순백의 사랑

백세꽃

아흔아홉 봉우리
무지개다리 건너
천상의 고운 자리에
모셔 드리고

빈자리에 심은 화초 하나

날마다 너 한 모금 나 한 모금
사이좋게 나눠 마셨지만
누렇게 들뜬 얼굴

"이것도 늙은이는 싫어하더라"
가슴에 쑥 안겨준 군자란

따스한 햇살 먹이고
살랑살랑 바람 스치고
마음에 큰 사랑까지 꺼내 줬더니

한 송이 두 송이 피어나는 꽃다발
백세에도 활짝 핀 우리 어머니의
환한 웃음꽃이어라

백세꽃 우리 어머니

유치원에 가는 할머니

여섯 살 손녀랑
예순의 할머니가
노랑가방 빨강가방 메고

유치원에 간다

한글을 배우고
숫자 쓰고 장난감 속에서
노는 아이들 틈에

충 효 예가 깃든
선현들의 미담과
전래동화 머리에 가득 담고

꽃봉오리 가슴에
따스함을 주려고 간다

반짝거리는 까만 눈동자
풀린 눈꺼풀에 흰머리 송송
이야기 속에서 만나더니
까르르 흑흑

희로애락이 모락모락 피어오르고

우리는 알차게 여물어 간다
일곱 살로

삼각산 날망에

세상이
빨 노 파로 물들어갈 때
은은하게 울려 퍼지는
기타 소리

누에 실처럼 술술
잘 풀어져 나오라는 글
언제나 관장님 마음에 들까

옷깃 여미며 머릿속에
시어들을 내보내지만
나도 모르게 작아지는 가슴

삼각산
날 망에 둥근 달 뜨고
삼각산 날 망에 둥근 해 뜬다

떨리는 목소리
허공에 띄워 보낼 때
은은한 기타 소리
살폿한 위로로 숨죽인다

잘 살아왔다

통통한 알밤
빨간 입술에 고추
키다리 고구마 순

채반에 누워 따스하게 품어준
햇살 이불 덮고 포근히 쉼을 얻을 때

엄마 손 해님이 살포시
어루만지며 잘 이겨냈다고
토닥토닥

세상이 무너질 듯
둥둥 떠내려간 폭우 속에서
곰실곰실 숨통을 내밀고 살아나더니

후끈 달아올라
아우성치는 무서운 태양 아래
병상에 눕지 않고 힘을 내 영차영차

알밤과 고추
달콤한 고구마
식탁에서 춤을 추며 노래하는 가을

우리 잘 살아왔다

상견례

우수수 떨어진 낙엽
마음이 흔들흔들

슬픈 계절에 만나요
가을을 남기고 떠난 사랑
낙엽 따라 가버린 사람

목소리도
애달픈 가수들의 노래
흥얼거리며 찾아간 북한산

마음은 가는 세월 붙들고
바람도 가기 싫어 살랑살랑
가을은 끝자락 붙드는 단풍만 대롱대롱

서로 다른
나뭇가지와 뿌리가 붙어

하나가 된 두 남녀의 지극한
사랑에 연리목처럼

머지않아 하얀 세상 오겠지
가을과 겨울의 상견례 길

좋겠다

하늘 공원 닮아
오가는 이 환호하며
보고 또 보고 싶어 하면 좋겠다

졸졸 흐르는 물에
퐁당 빠져 구정물 떨어내고
반짝반짝 거울 같으면 좋겠다

납작한 바위 밑에
잡초 우거져 뽑고 또 뽑고
제초제 뿌려도 마음에 안 든다

갈대도 억새도 한들한들
꽃들도 새들도 찾아와
향기 발하고 노래하면 좋겠다

세월이 약이라 해도
그 세월은 먹고 싶지 않음은
아직도 마음만 청춘일까

범인은 나

명절인 양
채색옷으로 갈아입은
나무들이 부러운지

왕고구마도
춤추며 달려와
내 품에 쏙 안긴다

살살 보듬어
겨우내 행복하고 싶었는데
심상치 않은 흔적들

폭우에 구타당하고
폭서에 무너져 내렸나
주근깨 검버섯 주렁주렁

찰칵 찍어 보냈더니

"오매 왜 이렇게 썩었대요?"
허허 주인도 모르는데 누가 알까

더러워진 세월 속
누군들 제구실하겠는가

수상한 지구만 탓할까
죄 없는 이웃을 탓할까
아니야 범인은 바로 나다

소중한 안식처

활짝 열려있는 하늘
계절의 속삭임인가

풀과 나무들의 노래
햇살 머금고 물 오르락내리락

하천이 범람하고
무거운 몸 복잡한 마음
무너질 듯 갸우뚱갸우뚱

한여름
장맛비 흠뻑 젖어도
꽃은 피고 지고 향기 삼키네

雨中에도
행복해서 환호하는 웃음소리
어디일까 두리번두리번

열 명의 형제가
땡땡이 장화 속에서 꼼지락꼼지락
장난치고 속삭이며 포근히 놀고 있는

소중한 안식처

여름날의 향기

세상은
사람과 인사하고
꽃들과 인사하니
정원 산책은 푸짐한 마음의 아침밥

새순이 경쟁하며
이웃과 어깨동무
서로 의지하며 멀리 같이 걷자구나

텃밭 먹거리 풀에 지고
가을 지나 서리오면 죽으니
같이 살자

해와 달과 별이 웃고
새들도 벌레도 손 흔들 때
조금씩 나눔의 맛도 달콤해

정원은 인간이 누릴 수 있는
최고의 놀이터
작은 욕심 몇 포기 무성하니

수줍은 낮 달맞이꽃
속내를 드러낸다

올 여름의 선물

푹푹 찌는 날
햇볕 보글보글 끓어
보랏빛 보석 주렁주렁
반짝반짝 빛이 난 포도밭

뜨거운 물 등줄기 주르르
벌거벗은 바지락
긴 면발과 어울려
즐겁게 춤추는 칼국숫집

물이 쫙 갈라진
모래밭 맨발로 사뿐사뿐
행복한 조개껍데기 껴안고
짧은 사랑 우물 속에 퐁당

십리포 해수욕장
물결이 출렁출렁
새파란 미역도 너울너울
폴짝폴짝 뛰며 터지는 가슴

그늘 밑 돗자리 그립고
오감 속에 꼭 가둬 놓은 수확도
평생 야금야금 꺼내 먹을
올 여름의 선물

봉숭아 물

옥빛 바다에
배추 같은 삶을 절이던
손톱에 빨간 꽃이 피었다

동지섣달 꽃 본 듯이
눈이 환해지고
밝아지는 내 마음

오가는 이웃들의 고운 눈길
찬바람 불어오니 꽁지 빠진
수탉 되어 모두가 외면하니 어쩌나

손잡고 데려와
백반 먹여 쓰다듬고
따스하게 감싸주니

소금쟁이 지나간 방죽처럼
잔잔한 파문 일어
한 송이 두 송이 피어나는 붉은 꽃

우리 엄마

별빛 마루 머리에 이고
밭에 나가 김을 매며
자식들을 위해 기도하신 엄마

곡식으로 돈을 팔아
일곱 남매 종종걸음
행여나 궂은소리 들릴까 맘 졸이셨지

쭉쭉 뻗어 잘 사는 모습
허허 웃으셨지만
허리는 낫자루로 구부러진 모정

오늘도 햇살 좋은 선산에서
노란 잔디 모자 예쁘게 쓰고
자식들이 하늘에 띄운 그리움 받으실

우리 엄마

정릉천의 가을

오일장에서 장화를 샀나
붉은 발에 오리들 물갈퀴 놀이 즐기고

백로는
외로이 먼 하늘 쳐다보며
언제쯤 짝이 오나 사색에 잠길 때

한 잎 두 잎
떨어지는 단풍
파르르 날아와 윤슬 밑에 숨어

지나는 여인들의
빈 가슴을 당기는 가을

살랑살랑 찬바람도
마음은 두둥실
산 그림자 따라오며 같이 가자 손잡는다

코로나 꽃

얼기설기 올려진 빛바랜
기왓장 아래 장독대

떡방아 찧던
보름달이 구름에 가려
얼굴을 찡그리는 날

이백 년 묵은
간장 된장 고추장에
새하얀 꽃이 피었다

산들산들
가을바람이 지나가다가
앉아 쉬며 놀고 싶어도
벌 나비 오지 않으니
고개만 살래살래

꽃이라지만 악취가 폴폴
선인장 가시로 쏙쏙 찔러대니
행여나 이웃에 피어나면 어쩌나

가슴만 두근두근

시작

밤새워
뭇별이 놀다간 창가에서
싱그럽고 청아한 향기 마시며

꿈속에
애태우며
기다림에 피어난 향기들

오늘은
행복에 날
기쁨이 올 것 같다

송알송알
이슬 맺힌 나뭇가지
가냘픈 새 한 마리
같이 놀자 손짓하고

새록새록
잠자는 풀잎 깨어나
빗살에 눈 맞추며
허공의 하얀 구름 속
시나브로 걸어본다

출근길

몽실몽실 뭉게구름
피어 있는 하늘
줄 빨래 사이로
흔들흔들 올라오는 아침 해

싹둑싹둑 잘라낸
꽃밭에 씨앗 뿌렸더니
하나둘 자라면서
마음을 단장시키는 재스민 향

지팡이 짚고 노인정 가시는
백수의 어머님 뒷모습
휑한 눈자위로 지나가는
힘없는 삶에 그림자

구름 위에 앉아있는 노인
망부석 되어 거닐고
오월 꽃구름은
가슴 깊숙이 흐른다

순백의 사랑

오지게도 피었네

달콤한 향
하얀 나비 너울너울
윙윙 꿀벌의 사랑 놀이터

피고 싶을 때 피고
지고 싶을 때 지는 건
내 마음 닮았다

쏙쏙 피어나는 자연의 사랑
오감으로 보고 먹고 마시며
마음 속에 담아둘 손발이 바쁘다

해 질 녘 친구들과 가위바위보
이파리 주르륵 훑어 돌돌 말면
새색시 어른 되어 뽀글뽀글

마음 가득
모든 시간 속에 편해지는 여유
순백의 사랑 아카시아꽃

틈새의 숨결

좀체
틈새 보이지 않은
시멘트 바닥

실금 비집고
쏙 올라온 민들레
등불 아릿하게 밝히고 있다

밟혀도 괜찮아요
무섭지 않아요
누를수록 힘이 나는걸요

하늘 향한 노란 얼굴
수줍잖게 웃어도
마음은 뜨거움으로 가득해

창밖 파란 하늘
무심하게 떠나는 구름

너울너울 춤을 추는
하얀 나비 따라가며
친구 하잖다

참새 방앗간

눈 질끈 감은 그릇 하나
나뭇가지 사이로 아른아른

들랑날랑 쉬지 않은
하얀 수염 검은 수염
환한 빛 반짝반짝

파란 연기 모락모락

가슴 스미는
사랑에 취했는가
연초 향에 취했는가

먼 길 주시하며 잠기는 사색

손가락에 눌린 고뇌
폐기장에 던져 넣고
텅 빈 삶으로 들어가는 안식처

늘 그렇듯
쉬어가는 이 많은 곳
여기는 참새방앗간

> # 2부
> ## 황금연못

바람 불어 좋은 날

바닷바람
무늿결 잔잔히 걸치고
외딴섬 밝히는 꽃 등불인가

새끼 짱뚱어 망둥이
망 보며 해찰할 때
펄 마당 뛰놀던 메기들

뚝배기 가득 온 몸뚱아리 담고
바다를 풀어놓을 때 갯바람이
솔솔 문지방 넘나든다

모락모락 피어오르는 김
코끝 스치며 입맛을 끌어낸
바람 불어 좋은 날

태풍이 슬며시 지나가도
마음만은 뽀송뽀송
석양이 깔리는 해변을 같이 걷자구나

여인의 넋 (능소화)

담장 너머에서
손짓하는 가을의 볕살
댕강댕강 떨어지는 몸 뚱아리

그 뜨거운 무더위
누굴 생각하며 지내다가
저렇게 가슴으로 토해날까

그리운 님 사모하다
상사병으로 죽은 복숭앗빛 여인

멀리 밖이 궁금해
작은 발걸음 소리 들으려
주황색 안개치마 넓게 펼쳐놓고

스멀스멀
벽 타고 올라와 눈에 독을 품고
날 좀 봐주시오

곱디 고운 여인의 넋이
가고 있다

계절의 포옹

조석으로 살랑살랑 내미는 손
해님도 벌겋게 익어간다

산모퉁이
불어오던 시원한 바람
멀어져가는 매미의 노래

가는 여름 오는 가을이 포옹하며
내년을 기약하니
세월도 주먹 안에 쥐어진다

텅 빈
파란 하늘에 고추잠자리 너울너울
오곡백과 익어가는 소리 토실토실

내 마음에 시기 질투 소곤거림
말복 따라 떠나보내고

빈 마음에
향긋한 낙엽 냄새 풍겨와
지그시 눈을 감는다

바람 따라 나가요

휴가 받았어요
어디로 떠나요

4호선 타고 오이도에 갈까요
그 옆에 있다는 대부도에 갈까요
가을바람에 움츠려진 몸이
삐걱거리며 말을 안 듣는다

휴가라는데 어쩌나

남산에 가요
싸목싸목 걷기는 너무 추워
케이블카 타고 올라가
전망대에 오른다

내려다보는 서울
속이 시원하다

찬바람이 불어도
기분은 구름을 타고
하늘을 훨훨 날아간다

각자도생

하늘을 보고
달을 보고 빌었건만
소용이 없더라

함부로 나다닐 수도 없고
천지가 개벽하는 양
줄 서기에 숙달된 모습들

장바닥에 혼란처럼
한 줄 두 줄 늘어난
초점 잃은 무리들

콧구멍 간질간질
천당과 지옥을 오가며
문자 한 통에 울고 웃는 날

아 슬프다
새로운 길이 열리는
각자도생의 길

어머님

수양버들 춤추듯
똑똑

웬일이세요

하도 조용하길래
난 너희 둘이 소리 없으면 불안해

걱정하지 마세요
우리가 있잖아요

백 살은 주머니에 감추고
세 살 된 우리 어머니

눈가에 거미줄 입가에 밭고랑
검버섯 주렁주렁 달고

며느리 손 꼭 잡고
아장아장 경로당 가신다

그대 덕

비가 와도
걱정이 없는 동네

사방이 내 눈 아래 펼쳐져
맑은 공기로 콧노랠 부르네

무거운 짐 들어
휘어진 허리는
침 맞고 뜸 뜨고
죄 없는 꿀벌도 괴롭혔네

솔깃한 소리
거꾸리에 매달려 보세요

그날로 만세 불렀네
해방되었네
허리 병이 나았다네

이년이 넘었어도
허리는 생글생글
그대 덕이요 그대 덕

함께 손 잡았기에

텅 빈 머릿속에 뭘
너무 많이 담았나

순간순간
탈출하려는 정신줄

아무리 들여다봐도
씻을 게 없다네

주일 아침에 모인
기도팀에게 맡겼다

삼백육십오일이 지난 오늘
머릿속은 텅 비고
주님의 은혜만 가득하니

우리 함께 손잡고 가는 길이
얼마나 행복하고 감사한지

광고

텔레비전에서
두 노인이 서로 하소연한다

아이고 당신 때문에
잠을 못 자서 힘들어요

내가 뭐 어쨌다고
구박을 하나요

밤중에 탱크 소리가 나니
어찌 잠을 자겠소

코골이 베개를 써보시오

코골이를 하면
베개가 소리를 듣고
살살 돌아가 고개를 돌려주니
딱 멈추네요

아이고 이젠 살았네
나도 살았다오

연말 정산

오늘이 동짓날
팥죽에 하얀 새알이 되어
하나하나 되돌아본다

반짝반짝 빛나는
황금 연못에 퐁당 빠져
허우적거려도 행복했고

모르면 물어보세요
무슨 옷을 입을까
장롱을 열어놓고 구색을 갖춰본다

바른 언어로 저장한 목소리
너도나도 봤다면서
덕담의 큰 메아리들

지는 해 뉘엿뉘엿
새 달력이 높은 곳을 향하자고
아우성친다

내 얼굴

생글생글
웃는 얼굴이 너무 아름다워요

근심 걱정
하나 없이 날마다 사랑만
받았나 봐요

누가 백수의 시어른을 모신다 해요
그 힘든 흔적 어디에 묻어두고
그렇게 웃기만 하세요

마음에 있는 어려움은
다 주님께 맡겼어요

텅 빈 가슴에 오직 사랑과
웃음만 남잖아요

우리 같이 웃어 봐요

고향

파란 하늘 아래 작은 집
앞에 졸졸 흐르는 시냇가

넓은 논밭
풍성한 오곡이 고개 숙이고
큰 부자가 되어 허공을 나는 마음

텃밭 가장자리
가시 송송 탱자나무
노랗게 달린 방울들

장독대 옆에
벌겋게 벌어진 무화과
달콤함에 눈이 감긴다

하얀 눈 맞고 활짝 핀
동백꽃이 파르르 떨어지면
하나 둘 주워 목걸이 만들었지

엄마 아버지 떠나신 집
언제 가서 살아볼까
따스한 꿈 속을 기다린다

산수유

샛노란 꽃이 피면
연인들이 밀어를
속삭이는 돌담길이
고즈넉하다

골목길 밭두렁
산기슭 골짜기
눈길 닿는 곳마다
주렁주렁 루비 닮아
강렬하면서도 애잔하다

빨강 보석이 우수수
우박이 되어 떨어지면
새콤할 것 같은데도
시고 떫어

늦가을 산수유
찬란한 햇빛 받아
반짝반짝 전구되어
성탄 트리가 된다

입양

새싹 오르고
따스한 봄날
버려진 화분들

세파에 시달려
진딧물 피부병에
울고 있다

안쓰러움에
씻어주고 약 바르고
주인은 누구일까

죽일 수는 없지
버리긴 아까워
아흔아홉 엄니는 밀고
영차영차 끌고 와

포근히 안아준다

고추꽃

파랗고 빨간
고추만 먹었네

상큼 매콤
맛도 좋았네

똑똑 따온
이파리 나물도
행복했네

하얗게 피어있는
반짝거리는 눈빛

나도 좀 봐주세요

고추에 홀려서
외면한 꽃
아이고 미안해

하늘 우물

대공원 우거진 숲속
높은 하늘 노래하고

청설모 부부
손 꼭 잡고 나무 타며
지나가는 바람 안부 묻는다

까치 가족이 엮었을까
소나무 초리* 빙 둘러
쌓아놓은 담은 신비한 우물

꽃잎 띄우려다
해님 달님 별님 띄워
두레박으로 퍼내는데

옥토끼 떡방아 찧는 소리
쿵더쿵 쿵더쿵

누워서 보는 하늘 우물
곱고도 깊다

*나무 초리 : 나뭇가지의 가느다란 끝 부분

처가살이

뜨거운 여름날
사위가 처가살이하네

수년간 시어른 모시느라
고생했으니 역할 바꾸기 놀이하세

오랜만에 둘째 딸 손잡은
엄마 마음이 함박꽃 되어

오일장 아장아장 옷이 예뻐요
삐걱삐걱 병원 들러 몸 가벼울 때
낙지 짱뚱어 바다냄새 데리고 가요

모락모락 모깃불 하늘을 날 때
평상에 나란히 누워 지난 이야기로
도란도란

장인어른 점심으로
국수를 삶았다니 서로 불편해
딸은 어디 갔나 아내는 어디 갔나 아우성

이제야 내 마음 알겠는지

황금연못

요즘
연못에 퐁당 빠졌다
노인들의 공간
살아온 이야기
살아갈 이야기
허물없이 나누는 연못

붕어가 되어 허우적거리고
메기가 되어 허우적거리고
잉어, 피라미, 개구리 되어
허우적거릴 때

깔깔 웃다가 눈물 훔치는
희한한 공간
엄니랑 손잡고 놀다 왔으니
그대랑 손잡고 놀다 왔으니

황금 연못은 우리들의 안식처

사진 속에서

눈이 소복하게
덮인 잠실이 보인다

그 안에
언니도 나도 구십 넘은
할머니도 보인다

꼬물이 누에들과
뽕 따는 아가씨들
희로애락 함께 했던 곳

하늘 소풍 가신 할머니
비행기로 떠난 언니
나도 기차 타고 떠났으니

소 키우는 아우가
보내온 추억이 마음 속
행복으로 가득 채운다

3부
인생열차

여인의 마음

울긋불긋 노래하는
꽃들 속에서 여인들이 웃는다

한 여인이 입을 앙다물고
표정 없이 서 있다
왜 화가 났을까

아이들과 노래하며
마지막 인사로 긴 포옹에
들어갔다

양 미간에 주름살
축 늘어진 볼이 땅을 향해 떨어진다

몰랐다
이를 앙다문 그 여인의 마음을
이젠 나도 웃지 않는다

실물이 좀 더 낫기에

보름 날

힘들게
빙 둘러앉아 윷놀이하는
일곱 고개 넘은 곱슬이들

네 개의 윷가락이 하늘을 날면
흐려진 동공이 검게 열리고
닫혔던 입술 함지박이 된다

이 팀 저 팀에서
빨강 파랑 말이 오르내리고
무서운 호랑이 울음 터져 나오고

성난 황소가 되어 두 뿔이
흔들흔들하더니
"다시는 윷놀이 안 해"
막을 내리는 보름날

미리 먹은 찰밥과 시루떡이
바라보며 눈을 흘긴다

옹색한 가을

주렁주렁
열릴 가지
병든 이파리
달랑달랑

새싹이 오르고 꽃이 필 때
비보라 찾아와서 싸우더니
열매 맺는 것도 잊어버렸다

살을 벗기는
태양 아래 힘 잃어
그늘조차 만들지 못한 날들

오곡이
노래하는 가을
나무마다 텅텅 빈 주머니

금 가고 깨진 감 두 개
개미가 양보하더니

백수의 어머님
입술에 주름살 펴신다

그리움

하얀 앞치마 늘어뜨리고
종종걸음으로 맞이한 한가위

큰 상에 둘러앉아
낮에 나온 반달이 된 송편

주먹만 한 밤이 주렁주렁
톡톡 튄 한밤에 개밥바라기*

잔잔한 물결의 저수지
내려다보시며 자손들을 위해
기도하고 계시는 부모님

황금빛 머리 하늘에 닿아
한 올 한 올 곱게 빗겨드리면
물그림자에 비친 잔잔한 미소

보름달을 오르면 슬기주머니*로
감사의 종소리 울리길

*개밥바라기 : 저녁에 서쪽 하늘에 뜨는 금성
*슬기주머니 : 남다른 재능을 가진자

인생열차

긴 열차에 몸을 실었다

마음이 부유한 부모님 덕에
내 마음도 풍선이 되어 충만했다

올망졸망 일곱 남매 손색없이
살아가니 부모님에 걱정 덜고

청춘의 역에서 우리 님 만나
배낭 메고 산전수전 값을 맬까

만남의 역에서
귀여운 아들딸이 승차하니
웃음거리도 풍성하다

황혼의 역에서 시어른들 손 흔들고
내 삶에 열차는 언제까지일지

오늘도 인생 열차는 달리고 있다

여행준비

성탄에 꽃
포인세티아가
활짝 웃어주는 날

딸네 가족이 모여
주님 오심도
엄마 생일도 축하한다

딸은 손녀의 손을 잡고
사위는 장모의 손을 잡고
따뜻한 나라 캥거루의 나라를 꿈꾼다

빛바랜 여권도 새것으로
철 지난 샌달도 새것으로
마음이 먼저 달려 해변을 걷는다

엄마 우리 호주 가요
가자
2월이 기다려진다

포인세티아

우아한 꽃다발 옆
덤으로 따라온
작은 포인세티아

곰살 맞은 햇살
늘 구석에서 외면 받아
어쩌다 물 한 모금 얻어 마시더니

저 좀 보세요

훤칠한 아들처럼
한없이 하늘 바라보는 멋쟁이

찬바람이 솔솔 불어오고
눈이 내릴 때 얼굴에 화장하는
녀석들이 짜잔

붉은 꽃 여덟 봉오리
왕처럼 제일 좋은 자리에 앉아
주인의 자랑감이 되니

주님 닮아 부활했나
미안한 마음

새벽

새들이 눈만 껌벅
가로등은 고개만 꾸벅
집 나간 아침 해가 귀가하려면
아직도 멀었다

숨 가쁘게 올라간 둘레길
얼굴에 송알송알 땀이 배고
붉은 볼 상기되어 활기를 느낀다

아카시아 꽃잎이
향기 담아 생명수 만들 때
산딸나무 이팝나무 향기는
바람 따라 흩날리고

하늘을 보고 커가는 자연은
온 누리를 포옹하며 베푼다

전봇대에서 놀던 장미의 하품 소리
밤새워 서로의 환한 빛을 발산할 때
하루의 새벽이 열린다

사랑

하늘이 뿌옇다
눈에 백내장이 온 걸까

마음이 뿌옇다
가둬둔 사랑이 외출한 건가

바람 없이
움직일 수 없는 구름처럼

사람은 사랑 없이
움직일 수 없다네

삶에 애정이 없다면
그냥 떠나는 낙엽처럼
짓밟힐 수밖에

가둬두자
야금야금 꺼내 먹으며
나눠 줄 게 있다면 난 부자다

말려보자

하늘 꼭지
고장이 났나
물 폭탄 터지고
마음도 터지고

세상이
배부른 하마되어
축 처져 눅눅한 날

바람은 코끝을
물결은 발끝을 흔들어댄다

오뚝이처럼 일어나
쓸고 닦자
내일도 해는 뜨잖아

뜨거움 가시면
서늘한 가을이 오듯
괴로움 가시면 따스한 행복 오겠지

헝클어진 아우성
긴 빨랫줄에 주렁주렁 걸어놓고
뽀송뽀송하게 말려 보자

나눔

열심히 살아도
기쁨이 없는 건
나눔이 없어서 일까

인간이라면
사랑과 관심
마음의 여유가 깔려있다

결핍을 끊어내고
여유를 찾을 때
행복이 찾아온다

물질이 아니라
마음도 능력도 시간도
할 수 있는 것에 감사하자

꾸준히 행동에 옮기면
오늘 일이 내일을 바꾸고
그 결과 모레가 바뀐다

생명의 시간을 아껴
그 시간에 살아있음을 보여주며

한발 손해보고 밑지고 살자

눈 내리는 날

한 해의 마무리
온 세상을 깨끗하게
용서하며 내리는 눈

희로애락으로
얼룩진 달력을 보면서
좋은 일이 많았음에 감사해

마음은 풍선 되어
잠자는 산새 다람쥐
안부가 궁금한데
몸이 아서라 말린다

환하게 밝아오는 새해
근심 걱정 죄악이 사라지고
함박웃음이 줄 서길 기대해 본다

보고 싶어요

스물여덟에 처음 뵌
우리 집에 어르신
수줍고 다정다감하셨지

손주가 잉태되어
색다른 걸 요구할 때

먹고 싶은 거 사 먹어라
꼬깃꼬깃 간직하신 보물
쥐여 주시던 따스한 손길

마루도 쓱쓱
마당도 싹싹
내 마음도 토닥토닥
닦아 주시던 아버님

황금 꽃

지갑에 들어가면
나올 줄 모르고 늘 빼꼼하게
내다보던 비자금

아버지는 욕심이 많으셔
아버님 저 용돈 좀 주세요

며느리의 애교에도
빙그레 웃음만 날리셨지

세월 지나 환갑날
그간 고생 많았다
금 목걸이 만들거라

큰맘 묵고 내민 하사금
고목에 핀 황금 꽃 반짝반짝
구경들 하시오

감사패

싱글벙글 바라보며
까만 눈동자 반짝였지

병아리 입으로
쫑긋거리며 할머니 찾아
치맛자락 붙잡고
담엔 무슨 이야기에요
보고 싶어요 내일도 오세요

너희들이 있어
내 마음이 기경 되고
새싹이 돋기 시작했지

십 년 참 행복했다

문체부의 묵직한 감사패로
막을 내리고 또 다른 길
뚜벅뚜벅 걸어간다

변신

똑 똑 똑
조각난 몸뚱어리
달콤함 속에 퍼질러 앉아
갈색 옷을 입었다

보글보글
풍선 되어 족두리 쓰고
매콤한 향 풍기며 싱글거린다

하얀 눈송이 속에
숨죽이며 온몸이 따스하길
기대하면서

젓고 또 젓는데
생강이 변하여 편강이 되니
누구랑 먹을까

굴뚝집

좁디 좁은
돌멩이길 빙 돌아가면

키 작은 화초들이 눈인사하고
턱 나간 호로병이 악수하잖다

베 짜는 아줌마 통기타 아저씨
통판 앞에 정중히 초대하고

뜨거움 달콤함 입술에 열매들
주저리주저리 내어주지만

냉수에 희석해도 그 여운은
가을바람과 손잡고 창틀을 넘는다

다시 오라 배웅하던 모과네 가족들
짙은 향 내뿜으며 손 흔들어도

굴뚝은 처마 밑에 깊숙이 숨어
달콤한 쌍화탕 내뿜고 있겠지

감

주렁주렁 열린 홍등
쳐다보고 또 쳐다봐도
마음은 두둥실

힘들어요 무거워요
모른 척 내 웃음은
바람 타고 날아간다

긴 장대로 받쳐놓고
마음도 얼굴도 또 웃는다

하나하나 없어지네
누가 손을 댄 거야

더 높이 쳐다보며
눈꼬리가 올라간다

결과

잘하고 싶었는데
잘 될 줄 알았는데

결과를 보니
가슴이 아프다

눈들이
입술들이

훨훨 날아다니며
가슴에 앉는다

눈물이 난다
어쩌라고
그릇이 그만큼인데

무거운 돌들이 꾹 눌러
장아찌가 되었다

4부
봄이 왔어요

나

묵었던 고목에
물이 오르고
싹이 나고
불뚝불뚝
힘이 솟아올라

그 지독한
무더위에도
꼿꼿이 서서
잘 팔려 나갔다

알록달록
세상이 물감 놀이하고
어서 오라 손짓하니
흔들거리는 팔 잡고
하늘 닿는 갈대밭을 걷고 나니

떨어진 낙엽 되어
삐걱거리는 나

복수초

오곡동 밤나무골
수북히 쌓인 낙엽
마음묻고 사랑펴도
긴긴 겨울 짧았지

엄동설한 솜이불
빠꼼히 내다본 봄에 전령사
작은 가슴만 두근두근

하얀눈 발길잡아
고라니 울때
살며시 내다보는 복수초

꽃말처럼
슬픈 추억안고
영원한 행복 누리거라

소문난 며느리

백수의 어머님 보고 싶다고
여의도에서 오는 전화

백씨 가문 시집와서
알콩달콩 살다 보니
쏜살같은 세월 속
어언 45년

소문난 며느리
팻말 앞에 앉아 오돌오돌

재치 넘치는 아나운서
큰 사랑에 눈빛을 받으며
몸 둘 바를 몰랐던 아침마당

소문에 진짜 주인공

103세가 되어 오늘도
밖을 내다보시며 지나가는
손주의 자동차를 알아보시는
우리 어머님

원장님 받으세요

설 전날에 조카가 왔습니다
그 조카는 시어머님에게 사랑을
몽땅 받았던 첫사랑 외손자이지요
결혼해서 오니 4살이었는데
정말 잘 생겨서 쳐다보고
또 쳐다봤지요

그 손자가 해마다 명절 전날에 옵니다
그리고 명절 새벽엔 처가에 간답니다
올해도 어김없이 왔어요

뭘 싸서 보낼지 생각하다가 떠오른 게
고구마 맛탕이었지요
얼른 씻어 잘라 튀겨서 만들고
검은쌀을 잘 안 먹으니
밥해서 누룽지 만들어 튀겨서
두 가지를 포장했어요

이거 내일 새벽에
시골 갈 때 차에서 먹어…
받는 조카네의 얼굴에
환한 미소가 돕니다

간 뒤에 어머님이 봉투를 내놓으시면서
원장님 받으시오

왜 저를 주시는 거에요? 손자가 준 건데?
아냐 그래도 원장님이 받아야 해 하시면서
억지로 쥐여 주시네요

그래서 남편이 말합니다
신실 요양원으로 오세요
친절하고 성실하게 모십니다
신실 요양원은 1544~&&&8 라고요
그냥 깔깔 웃습니다
99 97의 부모님들도 히죽이 웃으십니다

배려

좌판에 가득한 물건들
얼마에요

여기는 팔 게 없는데요

정리 정돈에 달인이
거실의 책상과
화장대를 보며 묻는다

늘어놓는다고
늘 핀잔이더니
이젠 마음을 바꾸었나 보다

마음 상하지 않게
묻는다

이거 얼마에요?

등불이 되어

내 가슴 깊은 곳
밝은 등불 하나 켜놓고
기다립니다

비가 와도 눈이 와도
그 등불은 꺼지지 않고
기다립니다

언제일지 모르지만
힘들때 어깨를 내어놓고
마음을 맡기라고 기다립니다

한숨도 토닥토닥
눈물도 쓰담쓰담
등불에 말려주려고
기다립니다

보고 싶습니다
정말

원생님 왜 그러세요?

아침을 먹고
어제 절여놨던 하얀 배춧속을
물김치 담그느라 이리저리 만지고 있는데
수건을 목에 걸고 씻으러 나오신
어머님이 보시더니
그렇게 해 먹으니 아주 맛나고 좋네

그런데
저번에 까놨던 마늘은
찧어 냉동고에 넣어놨나?
안 그러면 싹 날 건데…

갑자기 장난치고 싶은 생각이 들었어요
아이고 어머니…
그 마늘이요 다 썩어서 버렸어요
뭐~? 버렸어? 아이고 아까워라…

웃지 않고 태연하게 말했더니만
우리 어머님은

아까워서 어쩔 줄 모르십니다

에구… 어머님? (97)
그걸 썩혀서 버렸겠어요?
진즉 찢어서 넣어놨지요
아이고 양로원 원생이
원장님이 하는 일까지
다 간섭하려 하시네

그래그래 알았다 이젠 안 할게
안 한다하면서도
꼭 그렇게 내가 아는 체를 한다
하하 호호
맞아요 원생님… 걱정하지 마세요
원장이 잘 할게요
씩 웃고 씻으러 가신
우리 어머님이 귀엽기만 한데
99세의 아버님은 뭔 소린고… 하고
쳐다만 보십니다…

추석날 온 손님

어제부터 남편이 시름시름 합니다
그런데도 모르고
설날에 먹을 고기를 사 오라고 하니
다녀와서도
이 고기는 안 먹으련다 더니
저녁에 열이 있는 거 같고
감기가 온 것 같다고
항상 하던 대로 콩나물 맵게 끓여 먹고도
이상해서 키트 검사하니 한 줄이네요

아침에 밥 먹기 싫다고 안 먹더니
다시 키트 검사하니 두 줄
병원에 달려가니 1분 만에 확진입니다

큰 시누이에게 연락해서
모두 오지 못하게 하고
나도 행여나 검사해 보니 음성인데
내일은 어쩌려나
101세 어머님과 걱정하고 있어요

혼자만 작은 방에 격리했는데

내일 와서 대문 앞에 놓고 가겠다던
아들 며느리가 바리바리 싸 들고 왔네요
나도 얼른 바리바리 싸서 내보냈는데
딸은 다음주에 오겠다네요

명절이 오면 힘들긴 하지만 행복한데
또 이렇게 쉬게 되니 왠지 허전하네요
기브스도 안 했는데 쉬다니

당신이 양로원 원장이요

아침 식사 때에 97세의 시아버님이
상추쌈을 하시는데 왼손만 사용하신다
왜 그러시나 여쭤보니 오른팔이 아프시단다
밥도 반만 드시고
사과와 토마토를 갈아드리니 맛있게 드신다

내가 그랬다
남들은 어른 모시느라고 힘들거라 했는데
난 왜 아무렇지도 않지요?
남편이 당신은 양로원 원장이요
나는 총무이고…

교회에서 9분의 노인들을 맡아
일주일에 한 번씩 모임을 가졌다
모임에 안 오셔서 연락했더니
받지를 않으셔서 부지런히 찾아갔다
피범벅으로 휴지로 닦고 또 닦으면서
싸매고 계시는 어르신…

장독대에서 넘어져 머리를 다쳐
그렇게 피를 닦고 계신 것이다
119로 전화해서 응급실로 모시고
아들에게 전화해서 위급함을 알렸다

또 한 분은 모임에 나오지 않아
찾아갔더니 이불을 쓰고 누워계신다
아무리 불러도 기척이 없어
멀리 있는 며느리에게
전화했더니 뛰어왔는데
어서 병원으로 모시고 가자 했더니만
벌떡 일어나서 안 간다고 소리치셨다
돌아가시려고 사흘을 굶고 계셨는데
내가 갔던 것이다
며느리가 모시고 자기네 집으로 간 뒤에
회복이 되셨다

이젠 다 돌아가시고 세 분만 남았다
자기네 큰딸이라고 좋아하시던 어르신이
이젠 잘 알아보지 못한다
어쩔 수 없어 간병인을 들이고
보호받으면서 살고 계신다
그래도 정신이 돌아오면
자기네 큰 딸이라고 하고
간병인은 작은 딸이라고 정해놨으니
양로원 원장은 원장인가 보다

대통령 선물

딩동
주민센터에서
대통령 선물 가져왔어요

뭘까 궁금했는데
백수하시다고
압축된 하얀 쌀
네 봉지가 들어있고
대통령의 축하 카드가 들어있다

우리 동에서 세분인데
두 분의 행방을 모르고
어머님만 뵈어 반갑다고

남들은 오래전부터 지팡이도 받고
축하금도 받았다는데
우리 구는 예산이 없어
그런게 없다고 해서 포기했는데

받고 보니 실감이 난다
103세 감사합니다
오직 건강만 하십시오

꽃 시중

인생에서 제일 좋은 건
노년에 정원 가꾸며 사는 인생
텃밭 가꾸고 풀 뽑으며
얼룩진 마음 씻는다

결혼기념일에 받은 다육식물
코로나로 갇혀있으면서
하나 둘 늘어나더니
알록달록 꽃 대궐이다

건강한 욕심으로
백 개가 넘어도
이웃의 아가들을 데려와
부지런히 먹이고 있으니

내 마음이 욕심과 멀어지고
정화되는 건 꽃 시중
바로 너희들 때문이야

아프다

나는 아프다
너도 아프다
아프기 때문에 인간이다

괜찮아
괜찮아질 거야
힘들고 어려운가
함께 부축해 나가야지

지구가 아프다
아파서 못 견딜 지경이다

코로나19 사태다
인간이 아프다
얌전히 살고 욕심도 줄이자
타인에게 축복하고
나에게도 축복을 남기자

몸이 아픈 것
약으로 고칠 수 있지만
마음이 아픈 것
쉽게 고쳐지지 않는다
이럴 때 우리는 모든 걸 내려놓고
위에 계신 주님에게 내 삶을 맡겨보자

목련꽃

산마루 향해
몽실몽실
솜털 모자 쓰고
커다란 잎새 봉긋

지나가는
봄바람
어루만지니
하얀 구름이어라

나무초리
너울너울
손수건 걸어놓고
벌 나비가 써 보내는

주인 없는 연서連書

동그라미 두개

남들이 볼까 부끄러워
행여나 넘어져 다칠세라
지하 주차장 깊이 숨었다

그대의 눈길 손길이
잠시도 떠나지 못하고
마음은 두근두근
한강 둔치를 신나게 달린다

인터넷을 접할 때도
가슴이 콩닥콩닥
허공에서 글자판이
두둥실 떠다니고

내 손가락은 마음껏
나래를 펴며 마실 다니고 있었다

어제 오늘
이젠 좀 멀리 갈 수 있다
넘어지고 부딪히고
퍼렇게 멍이 들지만
내일이 있기에

또다시 발에 힘을 준다

세탁

물새 갈대 사이
둥지 틀어 오순도순
산새 우거진 숲
둥지 틀어 오순도순

우리 부부 깊은 시골
둥치 틀어 오순도순

창틀에
찌들고 묵은 때
비로 쓸고 걸레로 닦고
문지르고 문질러 반짝반짝

마당에 제 마음대로 자란
억센 풀들 낫으로 베어내고
갈퀴로 긁어내고
풀무 불에 던져 흔적을 가둔다

내 마음
묵은 때들은 어찌할까
더러운 죄들 사이에
은근히 비춰오는 작은 세탁

꼭 부여잡고 씻고 또 씻어
햇볕에 말려야지

꽃 이불

섬진강 물길 따라
백설의 꽃 이불

맑은 물 재첩국
손짓하여 악수하니

매화꽃
매실 된장
봄 햇살에 맛난 내음

벚꽃 필 때
건져 올린 벚굴의
고소함

부드럽고 달콤하니
너도나도 손 내미네

고결하고 순수한
섬진강에 매화꽃
이 봄에 이불 되어

훈훈한 한해가

봄이 왔어요

곰팡이 피고
어둡던 터널에
햇살이 비친다

순하디 순한
그녀의 얼굴에
회색빛이 아른거려
검은 그림자 가득

부실한 몸덩이
흔들흔들 털썩
주렁주렁 줄달고
끙끙

왜 이러십니까
선한 길도 많은데
삼월 햇살이

불쌍히 여겨
만세 부르고
함께 가잖다

고향

옹기종기
모여 사는 고향마을

탱자나무 울타리 지나
방앗간에서 벼 찧고 밀 타면
고소함이 솔솔

길 건너 담뱃가게
막걸리 사러 가면
두부도 같이 가자 손잡았지

거위가 집 지키다 기척 소리에
억센 부리 내밀어 도망쳤던 시절

아버지 어머니 가슴에 품고
가고 싶어라 어서어서…

속았다

예고 없이 찾아온 여름
다육식물 등에 업고 와
시원하게 목을 축인다

괜찮아요 숭늉 같은 커피에요

맛도 향도 싫지 않아 홀짝홀짝

커튼이 드리우고
어둠을 불러와도 말똥말똥

겨우겨우 눈꺼풀의 데이트

뭐야 2시잖아

5부
가을의 길목에서

사진

여인들이 웃는다

한 여인이 입을 앙 다물고
냉랭한 얼굴로 바라본다

좀 웃지

어제 아이들과의 종강으로
끌어안고 사진을 찍었다

웃는 내 모습에 기분이
일그러진다

양미간에 주름이
다이아몬드처럼 빛나고

내가 봐도 내가 놀라니
이젠 그 마음 알겠다

나이 드니 사진 찍기 싫다던
선배님들의 말이 실감 나는 날

마음만 웃을까?

아침 마당

날마다 환하게
열어 주는 마당에
꽃이 피고 향기 나고
나비 떼 몰려온다

고부故婦가 나란히
여의도로 향했다

검버섯 주름살 몽땅 가리고
서로 백 점이라고 칭찬의
화살을 쏘아도 아프지 않고
죽지 않고 힘을 불끈 얻는 곳

손잡고
얼굴 비비고
이웃의 뜨거움까지 받으니
웃음꽃이 활짝 피어나는

여기는 아침마당

냉이 꽃

그리움은
어디에서 올까
이른 아침
산벚꽃이 하얗게 불 밝히고

태양을
삼키고 있는 구름 속
비를 기다리는 그리움 있네

노란 꽃 향기 품은
꽃다지 보송보송

봄바람 한들한들
그 누구도 돌아보지 않을
조막손 누구일까

하얀 꽃 냉이 꽃
처녀의 바구니
살포시 묻힌 꽃

목걸이

노란 개나리
춤추며 노래할 때
손잡아 주신 아버님

새싹이 박수칠 때
새 생명도 환영받았지

뭘 먹을까 까탈 부릴 때
까만 김이 날 부르니 들랑거리는 다락방

허리 아프게 땀을 흘려
주머니 채운 일당
시원하게 손을 펴신 아버님

북한산 다람쥐
도토리 점심 먹을 때
밥상에 펼쳐진 도토리묵

고생했다 긴 세월
너에게 꼭 갖고 싶은
금목거리 하사품

며느리도 아버님도 껄껄껄
아흔아홉 고개 넘으신 아버님
보고 싶어요

상처

피가 흐르고
곪고 터지고
아픔이 온다

보이는 곳은
약 바르고 꿰매고
수술하면 되지만

보이지 않은
내 마음은 누가
치유해 줄까

곱지 않은 얼굴
예쁘지 않은 머리
갖지 않는다는 독설
못한다는 핀잔

가슴에 못이 되어
녹슬어가는 그 마음
뭐로 치유할까

너만 상처받았는가
나도 속이 까만 물 들었다

닮았다

누가 봐도
아버지 딸이라고 했었지
꼭 닮은 둘째 딸

날마다 드나드는 새 소식들
아버지의 책상 위에 쌓인 볼거리
훈장처럼 반짝반짝 빛이 났다

아버지 닮은 딸네 집에
읽을거리 볼거리 담고
찾아온 친구들이 가득

기분이 좋아지며
새로운 소식
불끈불끈 채워지는 힘

아버지 닮아 똑같다니
그 아버지 그 딸이 되어
사진 속에서 웃고 있다

가을의 길목에서

아직도
들녘에 뫼 꽃은
쑥부쟁이랑 씽긋 웃어주는데

가을은 가고
겨울에 들어서니
우뚝 선 또 한 계절

푸른 잎새들이
너도나도 꽁지 빠진
수탉 되어 웅크리고

우린 남은 미년彌年으로
소슬 바람 따라 토해내는
한숨

세월은 슬며시
가을을 데려가고
깨끗이 씻어내리는 마음

겨울로 가는 길목에서
그대와 나는 나그네 되어
찬바람과 노래하며 춤을 추겠지

개나리

한 마리 두 마리
수없이 날아드는 나비
어디에서 날아왔을까

높다란 나무 위
무엇을 감추느라
저렇게 파닥이고 있을까

살짝 다가가
까치발 들어 올려
동그란 사탕 눈 떠도
보이지 않네

깜깜한 밤
소풍 나온 달님 따라
하느작거리는 소리

새털구름에 귀뚜라미
장단 맞춰 노래 부르며
하나둘 날아가는 노랑나비

만남

나는
그대를 만나
기쁨의 삶이었고

그대는
나를 만나
행복의 나라 폅니다

영롱하게 빛나는
이슬이 풀잎에 샤픈

소리 내는
갈대는 바람을 안고
사각사각

감나무

석양빛 닮아
불그스레 물든 잎새 틈새
주렁주렁 익어가는 감

따스한 햇살이
단물을 쏙쏙 채우고
시원한 달빛이
떫은맛을 데려가네

오가며 쳐다보는
부러움을 누가 알까
하나둘 홍시 되어 떨어지고
서너 개 매달려 달랑달랑

까치의 간식 주머니
하나하나 빼 먹으니
흥건히 흘러내리는 붉은 혈
감나무의 생애는 간다

걱정

갈잎 되어 깡말라
바스락거리는 내 마음
그대 따라서 가고파라

어디로 떠나는가
때늦은
빗줄기에 일 년 농사
곤죽 되네

안개 자욱한
산줄기 속 추억에
구름이 날아간다

외양간에 오물오물
소들도 예방접종

새순이 나오기 전
환한 소식으로
내 마음이 해가 뜨고 싶어라

여름

울창한 숲길

짝을 찾아
이웃집 가는 매미 잠자리
인사하기 바쁘고

너도 밤나무 뽐내며
발길 잡는다

잔잔한 안개 속
밤 꽃향기에 만취되어
즐겁게 시골 가는 길

탱자나무 우거진 담
방앗간 벼 찧는 소리 정겹고
뒷산 뻐꾸기 어서 오라
손짓한다

가을이야

애잔한 눈빛
아련한 그리움
외로움은 쓸쓸하게

가슴을 파고드는 가을

긴 세월에 강 건너
다시 오지 않을
봄 여름이여

강산에
다시 꽃이 핀다 하여
마음조차 녹음 질까

된서리 내리면
낙엽도 외롭게 떠나고
옛이야기 될 나그네의 삶

외로운 추석

창틀을 넘나드는 바람
구름한점 없는 파란 하늘
살랑살랑 달빛 속살거림
돌틈의 귀뚜라미 잠 못 이루고
내 마음도 밤새 삐거덕삐거덕

해가 구름에 가려 시들하듯
대추가 태풍불어 다 떨어지듯
배나무에 햇살적어 맛이 없듯
빈 감나무만 빤히 쳐다보듯

허전하고 외로운 추석
코씨네가 찾아와 반갑지않아
고향가는 기차가 터널 지나듯
때가 되면 햇살도 날 찾아주겠지

2022.9.10. 코로나로 외로운 추석에⋯

경비 아저씨

동네에 경비 아저씨들이 모두 바뀌셨어요
수년동안 친절하게 잘 지내시던 분이
다른 동으로 옮기고
또 모르는 분이 우리 동으로 오셨어요

인사하러 가야지요
모르면 어색하잖아요

작은 상자에
파란 쑥떡이랑 노랑 찰떡이랑
하얀 절편을 담고
예쁘게 포장해서 가지고 내려갔습니다

"우리 동네에 오셔서 반갑습니다
간식으로 출출할때 드세요" 했더니만
아주 좋아하시면서
자신의 이야기 보따리를 열어 놓습니다

체신부에 근무하다가 정년 퇴직을 했고
ㅅㅈ 대학에서 5년간 경비로 근무를 했고
작년에 우리 동네에 오셔서
다른 동에 근무했었답니다
그런데 골칫거리가 있답니다
뭔데요?

37먹은 딸이 공무원인데
결혼을 안했기에
그게 제일 마음 편하지 않다는 겁니다
잘난 딸이니 잘 갈거에요
걱정마세요 저도 알아볼께요

인사하고나니 서먹함도 사라지고
활짝 웃는 이웃이 또 생겼습니다
참 감사하지요?

시어머님 선물

아침을 먹으면서도
아무 소리가 없습니다
아무래도 안되겠다
나중에 서운한거 보다는
이렇게라도 해야겠다 싶어
살금 살금 어머님방을 들어가니
누워계십니다
다소곳이 옆에 앉아서

어머니
왜 무슨일이 있냐?

내가 있잖아요
꼭 필요한 가방이있는데
그거 가지고 다니면서
우리 시어머니가 사줬다라고
자랑하고 싶으니
이번 생일에 그 가방 사줘요
그게 얼마인데?

에이 내가 비싼 거 사겠어요?
어머님이 사줬다고 자랑하고 싶어서
그런거지요
알았다 알았다 내가 사줄께
꼭 사서 자랑하고 다녀라잉
감사합니다 하고
꼭 껴안아드리고 나왔습니다

해마다 미리 미리 뭘 사라면서
봉투를 내미시더니만
올해는 잊으셨는지 아무소리가 없고
어쩌면 여름에 시아버님이
200만 주신 것을 아시니
그것으로 끝나나 했지요

거실에서 운동하는 남편을 지나서
내 방으로 오시더니 내 손에 쥐어 주시면서
꼭 좋은것으로 사라잉 돈 **빼먹지말고**
이 돈만큼 꼭 사… 하시네요

알았어요 한장도 안 빼먹고
꼭 그대로 살께요

남편이 내 옆에 오더니만
어머니가 돈을 들고 이방으로 오시시는데
왜 그러시는거야?
그럴 일이 있어요
절대로 내가 그렇게 해서
이렇게 되었다고는 말 안하지요

이따가 가방 사러 갈 거에요
시어머님표 가방

아버지와 국화꽃

택배가 왔습니다
박스 안에는 하얀 국화가
빙그레 웃으면서 날 반기더군요
너무 좋아서 어쩔 줄 모르고
향기를 향해 코를 벌렁거렸으니까요
깨랑 콩이랑 감이 가득 들어 있어요

이건 분명히 고향 올케가 보낸거구나
남편이 시인이니 이렇게 국화꽃을 꺾어
보내면서 고향의 향기를 맡으라고 했구나
생각하면서 저녁에 전화를 걸었습니다
아무것도 보내지 않았답니다

아버지에게 전화를 했습니다
보냈는데 받았냐고 물으시네요
산에 감이 있어도 따지 못해서
못먹는다고 하셔서
우리가 언제가서 딸께요 했는데

젊은이들이 찾아오니 데리고 가서
따오신 겁니다

그곳에 고루 고루 넣고
마당에 흐느러지게 핀
흰 국화꽃을 꺾어서 감 위에 얹으면서
"우리 딸은 국화차를 잘 만들지…"
하는 생각으로 넣으셨데요

95세의 아버지가 이렇게 멀리에 있는
딸을 생각하시는구나 싶어
코끝이 시큰해지는데
식탁 위에 국화에선 진한 향이
솔솔 풍기는군요

지금도 천국에서 웃고 계실거에요
보고 싶어요 아버지

빵이라 부르는 여인

엘리베이터를 탔습니다
우리 동네에 온지 얼마 안 된
미화원 아주머니가
배시시 웃고 있습니다

마트에 갔다가 친구가 쥐어준
쪼콜릿 통을 내 밀었습니다
깜짝 놀라며 하나만 먹을께요 했지만
가지고 다니면서 힘들 때
하나씩 드세요 이렇게 말문을 열었지요

친구가 오이 소박이를 담그면서
재료는 다 있으니 오이만 사오랍니다
맛있게 담아주는데 먹긴 좀 많습니다
경비실에 가서 아저씨에게 의논했더니만
없어서 못 먹으니 주세요
미화원에게도 말했더니
너무 감사하게 먹겠답니다

두 분께 나눔해주고 나니
마음이 후련합니다
남아서 버리면 너무 아깝잖아요

다음날 빈 오이 그릇에
야쿠르트가 들어앉아 대문 앞에 있네요
감사의 전화를 하고는
우리집에 있는 장아찌 이야길 했지요
서울에서만 살아서
시골에서의 모든 것이 너무 좋다는 그분께
두릅 깻잎 고추 엄나무
죽순 도라지 마늘 장아찌를 드리니
좋아서 어쩔 줄 모르네요
남편이 당뇨라서
조심조심 식단을 짠다면서…

그런데 난 드릴께 없어요
아뇨 걱정하지 마세요
많아서 나눈거니까요

저저… 있잖아요 빵 좋아하세요?
제가 드릴 건 빵 밖에 없어요
우리 아들이 빵가게 해요
아이구 없어서 못 먹지요

그 다음날 대문에 봉지하나가 걸려 있습니다
식빵과 크림빵이 담겨있구요
남편은
당신이 갑질해서 얻어먹는거 아니냐고…
저 갑질일까요?

또 빵이라고 입력된 여인에
번호를 누를 수 있음 좋겠네요

슬프고도 웃기는 이야기

아침에 남편이 이를 닦으면서
여보 여보 내가 웃기면서도
슬픈 이야기 해줄까?
뭔데요?

어제 점심 먹은 후에 이를 닦는데
아무리 닦아도 치약이 거품이 없고
맛이 희한한거야
그래서 좀 더 짜야 하나보다 하고 보니
으악~~~
그건 있잖아
연고제였어
당신이 가렵다고 바른 그 연고 말이야

아침에도 이를 닦으면서
또 소름이 끼친듯
으악~~~ 하하 호호 웃었습니다

그러니까 좀 자세히 보잖구요
그게 작은 치약인줄 알고
연고를 가지고 갔었구만

그 맛이 어쨌을까 궁금해…

축하의 글

사랑하고 존경하는 강종림 권사님께서
생활 속의 아름다운 글들을 모아
두번째 시집을 내신다니
큰 기쁨으로 축하를 드립니다.

첫번째 시집 "저 살았어요"를
감명 깊게 읽었던 저에게
이처럼 축하의 글을 올릴 수 있는
기회를 주셔서 또한 감사합니다.

일찍이 문학 시인이며
뿌리 깊은 신앙의 동역자인 강종림 권사님은
현재 104세이신 시모님을 친정어머니 모시듯
지극 정성으로 살갑게 모시면서
순전한 사랑으로 섬기시고
또한 남편을 현모양처답게 내조하시고,
자녀손들과 더불어 화목한 가정을
이끌어 가시는 전형적인 주부이신데

교회에서는 각종 봉사와 섬김의 사역을
더욱 열심히 잘 감당하시고
또한 인근 지역의 연약한 노인분들을
사랑으로 섬기시며 틈날때 마다
어린 아이들을 위한 자상한 이야기 할머니로
섬기시는 가운데

그 바쁜 생활 속에서도
이처럼 주옥 같은 시적 감각의 글들로
또 다시 뜻깊은 시집을 내신다니
온 마음과 힘을 다하여 축하를 드립니다♡♡

앞으로도 더 좋은 글들로
더 많은 사람들에게 큰 기쁨과 위로를
주는 자랑스런 시인이 되시길 기원합니다♡

성천교회 원로목사 **김 정 옥**

백세꽃

인쇄 2025년 2월 17일
발행 2025년 2월 19일

지은이 강종림

펴낸곳 도서출판 샤인텔
주소 부산광역시 중구 보수대로44번길 14(부평동 3가)
전화 051)245-2337
팩스 051)245-2334
이메일 shine63@nate.com
출판등록번호 제 2011-000012호

※ 본 도서는 한국예술인복지재단의 지원을 받아 제작되었습니다.

※ 이 책은 저자와의 허락없이 일부 또는 전부를 무단 복제 · 전재 · 발췌할 수 없습니다.
※ 잘못된 책은 바꿔 드립니다.

ⓒ 도서출판 샤인텔 2025. Printed in Korea
저자와의 협의에 의해 인지를 생략합니다.

ISBN 979-11-87500-33-9 (03810)
값 15,000원